MÉMOIRE

SUR LES BESOINS

DE LA MISSION DU MAYSSOUR

(Indes - Orientales) ,

ADRESSÉ A MM. LES PRÉSIDENTS ET MEMBRES DES DEUX CONSEILS
DE L'ŒUVRE DE LA PROPAGATION DE LA FOI.

MESSIEURS ,

APRÈS avoir présenté mes hommages et rendu compte de ma mission à Sa Sainteté le Pape Pie IX, et à Son Eminence le Cardinal Préfet de la Sacrée-Congrégation de la Propagande , parce que là est la source de mes pouvoirs, il est bien juste, et c'est un devoir pour moi, de venir vous offrir les témoignages de la vive reconnaissance que mes collaborateurs et moi, réunis aux pauvres néophytes du Mayssour, nous vous devons ; car, Messieurs, vous êtes les instruments choisis de Dieu pour nous soutenir et consoler dans les pays arides où nous ne pourrions que donner du sang et des sueurs , sans grand profit , si vous ne nous aidiez à commencer , conserver et perfectionner l'œuvre du christianisme dans ces contrées.

Vous désirez sans doute savoir , et vous avez le droit de me le demander , pourquoi je suis revenu de contrées si éloignées et avec des dépenses aussi considérables..... Messieurs , après une

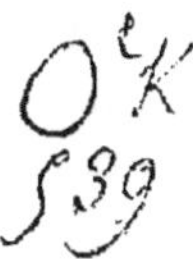

absence de vingt-trois ans passés dans un climat brûlant, où tant de mes confrères, même venus après moi, sont déjà morts ; vivant à peu près à l'indienne, c'est-à-dire, privé du genre de nourriture et de boisson en rapport avec nos habitudes et notre constitution ; ayant eu à souffrir dans ces dernières années de longues fièvres, contractées dans les fonctions de mon ministère, au sein des sombres forêts de l'ouest du Mayssour ; menacé trois fois de perdre la vue, mais surtout l'année dernière par une assiduité trop grande à lire et à écrire les langues indiennes ; vous me pardonneriez, j'en suis sûr, ce voyage, quand bien même je n'aurais eu d'autres motifs que de renouveler mes forces et reposer mes yeux pour travailler ensuite plus longtemps dans ces missions. Mais non, ces motifs, joints aux conseils réitérés des médecins, ne purent alors me persuader de quitter, même pour quelques mois, ma bien-aimée mission.

Serait-ce l'ennui, serait-ce même le découragement qui m'auraient fait venir en France cette année?

O Jésus, chef et modèle des Missionnaires! O vous qui, par pur amour pour l'homme dégradé, entreprîtes ici-bas une mission de trente-trois ans, où votre cœur n'eut que des déboires à essuyer, où vos bienfaits ne furent payés que par l'ingratitude, mission qui fut terminée par une mort aussi cruelle qu'ignominieuse ; mon Sauveur, de quoi me plaindrais-je ? Pourquoi m'ennuirais-je ? Ah ! c'est maintenant, que vous m'avez donné quinze à seize mille chrétiens à sanctifier, cinq millions d'infidèles à convertir, et quinze missionnaires à diriger et encourager dans ces contrées que je parcours depuis tant d'années, oui c'est maintenant, dis-je, que je dois ranimer mon courage, bien loin de penser à regarder en arrière.

Néanmoins, Messieurs, je vous avouerai qu'un nuage de tristesse a souvent troublé mon esprit et que de noires tentations de découragement ont quelquefois assailli mon cœur...... Eh! que peut faire le plus brave soldat sans armes et sans munitions? Que fera un pauvre père sans pain, sans vêtements, sans argent, sans refuge, entouré d'enfants transis de froid et mourant de faim? Sa tendresse, ses larmes suffiront-elles à conserver la vie à ces pauvres petits êtres? Que peut faire un Evêque pauvre, dont les missions sont au milieu de peuples pauvres, abandonnés, méprisés par leurs parents dont ils ont quitté les faux dieux, obligés souvent de s'expatrier du village qui les a vus naître, et de renoncer aux emplois qui les faisaient vivre, ne pouvant plus les conserver sans participer aux superstitions de la gentilité.

Que peut faire un Evêque sans séminaire, sans orphelinat, sans écoles, sans catéchistes, sans catéchuménat pour recevoir les pauvres ouvriers païens qui désirent s'instruire de la religion ; sans un hospice pour retirer les pauvres infirmes, qui, touchés de la grâce et accourus souvent de pays lointains, viendraient recevoir le baptême et mourir en paix ; pour les pauvres malades chrétiens qui gisent sur la terre nue, dans une hutte de paille haute de six pieds et large de huit à neuf, n'ayant pour tout remède qu'un peu d'eau tiède ?...... Que voulez-vous que je fasse, moi, pauvre Evêque, contre cette gangrène du protestantisme anglais, allemand et américain, qui, à l'ombre du drapeau de l'Angleterre, pénètre par toutes les routes ouvertes par ses canons ou l'adresse de sa diplomatie, secouru par le gouvernement anglais si magnifique pour son clergé et par les produits immenses de toutes les sociétés bibliques. Eh bien, un Evêque catholique peut-il être le froid spectateur de tant de besoins ? Son esprit peut-il rester en repos ? Son cœur peut-il ne pas s'attrister, se désoler de se voir privé des moyens nécessaires pour soulager au moins ces misères ? Alors cet Evêque se rappelle la charité inépuisable de la belle, de la catholique France sa patrie ; il tend vers elle ses mains suppliantes, et ne vous étonnez pas, si, traversant encore les mers, il vient vous intéresser à sa mission par l'exposé d'une pénurie dont peut-être on ne se forme plus une idée exacte, depuis que la divine religion du Christ nous a donné un cœur compatissant, et a couvert nos contrées d'asiles pour tous les malheureux ; a préparé des remèdes ou des consolations pour toutes les infirmités ; en un mot, a prévu et soulagé les besoins des pauvres depuis le berceau jusqu'au delà de la tombe même. On oublie que, selon saint Paul, le païen est *sine affectione...*

Maintenant, ayez la patience d'écouter quelques détails sur les besoins de ma mission.

La mission du Mayssour est un nouveau vicariat établi en 1846, au centre de la Péninsule en deçà du Gange, aux pieds de cette haute et longue chaîne de montagnes qui divisent les saisons en deux moussons. Ce royaume a une population de cinq millions d'habitants, dont cinq à six cent mille sont musulmans. Ayant travaillé pendant dix à onze ans et ayant l'habitude des langues de ces peuples, le Souverain-Pontife m'en fit le premier Evêque en 1842 ; mais mes trop justes frayeurs pour un fardeau si lourd et si imprévu pour moi, firent retarder ma consécration jusqu'en 1845. Là, je n'ai point trouvé, comme dans les anciennes missions, des établissements consolidés, encore moins des fondations pieuses pour les entretenir. J'ai donc eu tout à commencer, tout à coordonner : j'ai fondé un séminaire et vingt et une églises ont été ou construites de fond en comble, ou considérablement augmentées ; maintenant sept sont commencées ou sur le point de l'être.

Autrefois, le petit nombre de Missionnaires forçait les Evêques à confier à un seul quinze à vingt chrétientés, dispersées sur une étendue de quarante à cinquante lieues. Dans ma première mission, j'avais soixante villages éloignés souvent de quatre jours de marche les uns des autres. Dans le Mayssour, il me fallait quinze mois de voyages continuels pour visiter une fois chaque chrétienté de mon district. Ainsi, ces pauvres néophytes étaient abandonnés au milieu des gentils, des musulmans et des protestants. Oh ! alors, que d'enfants mouraient sans baptême, ou avec un baptême, hélas ! très douteux, car il était donné par de pauvres laïques assez peu instruits. Alors le pauvre pécheur, surpris par une tentation, n'avait pas de conseil, n'avait pas de médecin pour guérir les plaies toutes fraîches du péché. Il devait attendre un an et quelquefois deux. Alors le chrétien mourant ne pouvait ni purifier sa conscience, ni fortifier son ame par le viatique, ni même recevoir l'huile consolante des mourants. Le païen ne voyant le ministre de la religion que tous les ans une fois, et seulement quelques jours, pendant lesquels le pauvre missionnaire pouvait à peine suffire à rompre le pain de la parole aux enfants du père de famille, ces pauvres gentils pouvaient-ils connaître la religion? Il y a trois ans, nous allâmes deux dans un village, et en vingt-sept jours nous baptisâmes dix-neuf adultes. Plusieurs vinrent s'offrir deux ou trois jours avant notre départ; ces pauvres gens n'ayant pas l'instruction voulue, nous les remîmes à une autre visite... Hélas! on fut deux ans sans y retourner, et quand un nouveau missionnaire y vint, déjà ces gens n'habitaient plus cette station. Ah! combien de fois mon cœur ne fut-il pas serré de douleur en voyant tant de bien à faire et pour les chrétiens et pour les gentils!.. Leurs regrets, le serrement de mes mains qu'ils arrosaient de leurs pleurs, rendaient mon départ trop pénible; je me hâtais de prendre les devants, en me rappelant les paroles du premier missionnaire : *Je dois aussi aller annoncer le royaume de Dieu aux autres brebis de la maison d'Israël.*

I. Dès que le Saint-Siége eut imposé à mes faibles épaules le fardeau de cette mission, ma première sollicitude fut de la diviser en plusieurs districts, et d'établir des Missionnaires aux points les plus centraux. Dieu m'envoya plusieurs jeunes et zélés Missionnaires, et, au lieu de quatre que nous étions en 1844, nous sommes maintenant quinze. La ville de Bengalour, qui contient près de cent mille ames, dont cinq mille chrétiens, n'avait que deux paroisses; elle en a maintenant quatre. Mais presque partout il faut construire des chapelles et des maisons pour la résidence plus prolongée du Missionnaire; il faut établir un catéchiste pour chaque prêtre, il faudrait une école; il faut même l'aider à vivre; car autrefois que nous ne restions que huit jours ou un mois dans chaque village, ces bons néophytes se cotisaient

entre eux et nous donnaient la nourriture, ainsi qu'à nos serviteurs ; mais maintenant que nos visites sont plus prolongées et plus
fréquentes, leur pauvreté ne leur permet pas de pourvoir à notre
entretien, encore moins aux frais de bâtisses ou de réparation
des églises et des presbytères.

II. SÉMINAIRE. — Pour perpétuer la religion dans un pays,
il faut un clergé, non un clergé étranger, mais des prêtres du
pays même ; ainsi les apôtres prêchèrent, baptisèrent, formèrent
des églises, et immédiatement élurent et consacrèrent des prêtres,
des évêques, pris parmi les nouveaux chrétiens de chaque nation.
La catholique France pourra-t-elle toujours fournir à toutes les
missions qu'elle entretient maintenant? Sans parler de la difficulté que nous éprouvons tous plus ou moins pour bien apprendre
et bien prononcer les langues si multipliées de ces contrées,
combien de jeunes et fervents Missionnaires tombent victimes du
climat? croiriez-vous que, sur quinze Missionnaires dans le Mayssour, il n'y en a pas trois qui ne soient déjà attaqués de diverses
infirmités? Donc j'ai dû construire un séminaire ; mais qu'est-ce?
Ce n'est qu'une salle longue de cinquante à soixante pieds, et
large de seize. Cette salle sert de dortoir, d'étude, de réfec-
toire et même d'infirmerie. Le soir, chacun étend sa natte sur
le pavé, se couche dessus, séparé de son voisin par une petite
malle qui renferme ses habits et ses livres. Le lendemain, assis
sur la même natte, l'élève latin étudie ses leçons. Le petit élève
qui apprend à lire et à écrire, va sous un autre toit ; là, il écrit
sur le sable d'abord ; ensuite, sur une planche noircie avec un
crayon ; après, sur des feuilles d'aloès avec un petit roseau taillé
en forme de plume, ou bien sur des feuilles d'un certain arbris-
seau ; enfin, on lui donne du papier, et il entre dans la classe de
latin. Aux repas, la table est bien vite dressée : se mettant sur
deux lignes, accroupis comme des singes ou assis par terre, un
domestique, armé d'un bâton, au bout duquel se trouve une cueil-
lère faite d'une moitié de coco, vient remplir l'assiette de fer-blanc
de chaque élève de riz et de quelques végétaux, ou simplement

d'eau poivrée. Trois ou quatre fois par semaine nous leur donnons, à dîner, un peu de viande, et quarante à cinquante centimes doivent suffire pour quatorze à quinze élèves. Dans cet établissement, nous devons leur fournir tout : ils sont généralement trop pauvres pour se rien procurer par eux-mêmes .. Mon palais épiscopal est adjoint à ce séminaire. Il consiste en deux petites chambres, ornées de ma bibliothèque, d'une table, de quelques chaises. J'aime à croire que les Anglais qui viennent me visiter ne m'accusent pas de luxe, car je n'ai pas d'autre ornement que mon crucifix et un tableau des soixante-dix martyrs de la Cochinchine et du Tonquin. Dans l'une de ces chambres je fais la classe, car je me suis fait maître d'école depuis qu'on m'a fait évêque. Il l'a bien fallu, puisque mes nouveaux confrères ne savaient pas encore les langues, ou les plus anciens étaient nécessaires pour le soin des chrétiens. — Messieurs, ce séminaire, où les grands et les petits sont mêlés ensemble, ne peut suffire. J'ai deux minorés : toute la distinction qu'ils ont, c'est qu'ils couchent sur la grande table où ils étudient et mangent. Cette réunion d'élèves rend les nuits extrêmement pénibles, et l'atmosphère de cette salle malsaine. Je supplie qu'on m'accorde quelques secours pour l'augmenter, et pour le pourvoir des livres nécessaires dont je vous parlerai à l'article VII.

III. CATÉCHUMÉNAT.—J'entends, par ce mot, un établissement où sont reçus les étrangers journaliers ou infirmes, qui viennent s'instruire des prières et de la doctrine chrétienne, et s'en retournent après avoir reçu le saint baptême. Depuis longtemps, je pensais que, si dans les principales villes nous avions un semblable établissement, nous pourrions instruire beaucoup mieux et plus promptement un grand nombre de gentils bien disposés, mais qui, faute de nourriture, puisqu'ils interrompent leurs travaux journaliers, faute de refuge pendant la nuit, car ce sont ou des étrangers ou des infirmes à qui il serait trop pénible d'aller et revenir soir et matin, n'osaient venir demander le baptême, désespérant de trouver le moyen de s'instruire. Mais trois espèces de dépenses en résultent :

1º Local. — Dans toutes les anciennes églises de l'Inde, même parmi les païens, on trouve de longs porches tout autour de la cour de l'église. Là descendent les voyageurs, et les Missionnaires sont fort heureux d'aller s'abriter la nuit, dans leurs voyages, sous les porches des temples des païens. Là se rassemblent les chefs, qui y examinent et terminent à l'amiable les petites querelles soit de famille, soit de village. Mais à Bengalour, faute de local et d'argent, nous sommes privés de ces bâtiments, qui pourraient servir à nos catéchumènes. Maintenant ces pauvres gens s'abritent à l'ombre des murs de l'église contre la chaleur du jour; s'il pleut, ils se retirent sous un petit hangar fait de bambous appuyés sur les murs de la cour, et recouverts de paille. Mais les infirmes et les étrangers sont couchés en plein air pendant la nuit, dans la cour de l'église, ou bien vont chercher un asile sous le porche des boutiques indiennes. Les femmes nous embarrassent davantage; nous les retirons ou dans l'orphelinat ou chez quelques chrétiens. A l'article de la mort, où les mettre? Ah! aidez-moi à leur procurer un local simple, mais absolument nécessaire. Je crois que deux mille ou deux mille cinq cents francs suffiraient pour la bâtisse.

2º Il faut à chaque catéchuménat deux catéchistes : l'un est chasseur d'ames : *Venator animarum ;* c'est lui, qui, suivant l'ordre du Père de famille dans la parabole du festin, s'en va dans les routes, dans les rues et les carrefours, pour inviter et conduire les pauvres aveugles et boiteux spirituels au banquet préparé d'abord pour des riches dédaigneux, et ensuite donné aux pauvres... Mais cet homme a droit à un salaire pour compenser l'abandon qu'il fait de tout autre moyen de vivre avec sa famille. L'autre catéchiste doit être uniquement occupé à instruire ces pauvres païens de la lettre du catéchisme et des prières. Le Missionnaire fait lui-même tous les jours une instruction : ce catéchiste aussi doit être payé. Outre ceux-ci, nous avons encore les catéchistes employés au soin des chrétiens. Ils ne pourraient être détournés de ces fonctions, car elles sont nombreuses; j'en parlerai à l'article VI; chaque catéchiste doit recevoir dix francs par mois.

3° Je vous ai dit que très souvent de pauvres étrangers, soit qu'ils soient envoyés de pays environnants, soit qu'ils soient voyageurs, touchés de la grâce, veulent se faire chrétiens ; mais ne trouvant pas le moyen de vivre pendant le temps de leur instruction, ils remettent à d'autres temps pour recevoir le baptême... Pour les encourager, nous avons établi un petit secours : nous donnons sept ou huit centimes par tête chaque jour. Je ne crains pas beaucoup qu'il y en ait qui se fassent chrétiens pour une si pauvre pitance. Les quêtes dominicales dans l'église sont employées à cette bonne œuvre, mais grâces à Dieu elles ne suffisent plus, et je ne sais plus où prendre pour aider ces pauvres ames, qui après tout n'ont d'autre obstacle au baptême que le manque d'instruction. L'année dernière, nous avons été obligés *de donner pour les différents districts* près de cinq cents francs. Oh ! c'est là une œuvre qui mérite les sympathies de tous ceux qui sentent dans leur cœur le zèle du salut des pauvres... A la côte Malabarre, un riche Anglais catholique fonda autrefois un catéchuménat ; et, dans cet établissement, on nourrit pendant cinq à six mois les païens qui y viennent chaque année, dit-on, au nombre de près de mille personnes, et y reçoivent le baptême. Notre essai, qui ne date que de deux ans, a été béni l'an dernier par plus de quatre-vingts adultes et cent cinquante enfants baptisés. En mars dernier, le samedi saint, j'ai eu le bonheur d'administrer le baptême à quinze personnes préparées ; déjà on en avait baptisé d'autres ; plusieurs encore furent retardés parce qu'ils n'étaient pas assez préparés. Messieurs, aidez-moi dans cette œuvre toute de charité. Les pauvres, à qui notre divin maître aimait tant à se communiquer ; les petits, à qui le Père éternel se plaisait à révéler les mystères cachés aux grands, furent les premiers chrétiens dans nos contrées ; là aussi, ils forment la partie principale de nos conquêtes. Les grands et les riches sont sans doute appelés à Jésus-Christ, mais ils doivent se faire pauvres et petits de cœur et de pensée : dans l'Inde comme partout, cette humilité leur est difficile.

IV. ORPHELINATS. — Nota. *Tout ce que je vais dire ici ne s'entend que des orphelins nés de chrétiens.*

Je n'ai point à vous attrister par le tableau déshonorant pour l'espèce humaine et encore plus pour des chrétiens, de parents reniant ou abandonnant volontairement à l'aventure le fruit de leurs entrailles ; non, l'indien est doué d'un cœur plus paternel, la femme indienne aime ses enfants d'une affection même trop sensible ; aussi, sa plus grande douleur, de même que la honte à laquelle elle est le plus sensible, est d'être stérile. Dieu la rend-il mère, son plus bel ornement, le joyau qu'elle quitte le moins, c'est son enfant, qu'elle a sans cesse et partout entre ses bras ; va-t-elle en voyage ou vient-elle à l'église, voyez sur la tête de cette jeune femme une corbeille : dedans, est le petit bambin, qui, sans liens et sans bandelettes, s'y agite recouvert d'une toile blanche contre les ardeurs du soleil. Le nombre de ses enfants ne l'inquiète point, sa pauvreté même ne la trouble pas. Faut-il émigrer ou bien accourir à une fête, les quatre ou cinq enfants viendront. Voyez, voici le père qui précède, il en a un sur ses épaules, le petit s'attache au toupet de la tête de son père ; un autre est dans un sac derrière son dos, sa petite tête et ses petits bras pendant hors de cette toile, nous découvre le prix du fardeau ; la mère vient après, portant elle-même un enfant assis sur sa hanche et un autre appuyé sur une toile qu'elle renoue par devant sur sa poitrine.

Mais, Messieurs, ce pauvre peuple voyage beaucoup ; une stérilité, une maladie épidémique, les dettes dont l'indien est toujours surchargé, les embarras des employés du gouvernement local, la visite de parents dans des contrées éloignées, que sais-je, surtout les pauvres Sypoils, les serviteurs des Anglais, les commissionnaires, tous accourent dans les stations militaires ; mais hélas ! que de veuves avec quatre et cinq enfants arrivent à ma porte ayant perdu leurs maris en route, et vice versâ...! combien meurent inconnus dans ces lieux publics destinés aux voyageurs !.. Que deviennent leurs enfants ? ici le cœur chrétien se déchire,

l'infâme musulman s'empare des jeunes filles.... il circoncit les
garçons, et c'est ainsi que se propage en partie cette caste mu-
sulmane d'une couleur noire dans le sud de l'Inde. Un de mes confrères avait près de lui un jeune enfant de huit à dix ans : cet enfant, vagabond d'habitude, prit la fuite un soir ; on courut quelques
heures après à sa recherche, il était couché près d'une boutique
du bazar. Quand les hommes du prêtre vinrent pour ramener
l'enfant, des musulmans le réclamèrent comme leur appartenant,
et il fallut aller devant le magistrat de police indigène pour le leur
arracher. Ou bien les Protestants les ramassent, et une fois intro-
duits dans leurs orphelinats, ils les font protestants.

Enfin, il est une autre classe d'orphelins la plus nombreuse et
la plus à plaindre. Vous savez sans doute combien les Portugais,
les Hollandais, les Français, les Anglais ont laissé et laissent encore d'enfants nés d'unions légitimes ou illégitimes avec des indiennes. Cette caste mélangée va s'augmentant de jour en jour,
et devient de plus en plus misérable, soit par défaut d'éducation,
soit par d'autres motifs peu honorables, soit enfin pour des raisons de politique. Ces pauvres descendants d'européens, portant
quelquefois des noms d'ancêtres très honorables, n'ont presque
plus d'emplois..... On reçoit les fils de militaires purs européens,
mais plébéiens, comme tambours, musiciens, ou tout au plus
comme apothicaires dans les armées ; il y en a, il est vrai,
quelques-uns encore qui sont écrivains dans les tribunaux du gouvernement. Quand le père meurt, que deviennent ses enfants?
Ah ! ils deviennent protestants, ou végètent dans la plus affreuse
misère spirituelle et temporelle ; comment deviennent-ils protestants ? Le voici : le gouvernement a établi de vastes orphelinats
pour tous les enfants des soldats européens ; les missionnaires de
toutes les sectes en ont établi d'autres pour les enfants de couleur,
et même pour les indigènes. Une pauvre veuve, surtout si elle
est de sang mêlé, et, *à fortiori*, une indienne, quand elle se
trouve chargée d'enfants, sans secours et sans protection,
laisse conduire ses enfants, même catholiques, dans ces mai-

sons où ils perdent leur foi. Combien de fois, en visitant les troupes de la compagnie, n'ai-je pas vu de jeunes musiciens ou tambours, après avoir assisté aux instructions journalières que je faisais dans la chapelle du cantonnement, venir me demander à se faire catholiques ! En examinant par qui et comment ils avaient été baptisés, je découvrais qu'ils étaient nés de parents catholiques ; mais dans les orphelinats protestants, tous sont regardés comme protestants, et envoyés aux régiments comme tels. Dernièrement, en janvier, je trouvai une jeune veuve indigène qui avait vu ses trois ou quatre enfants protestantisés dans l'orphelinat, où un officier, philanthrope, je le crois, mais protestant avant tout, les avait fait recevoir ; l'aîné, âgé de seize à dix-huit ans, était musicien et faisait vivre sa mère avec sa paie ; il voudrait se déclarer catholique comme sa mère, mais le fanatisme de plusieurs officiers de ce régiment l'effraie, et il attend..... Ah ! béni soit Dieu, les Évêques des principales stations ont établi des orphelinats ; au nord, Agra en a quatre, Calcutta autant, Dacca-Chittagong et Bombay, Madras et Pondichéry au sud. Oh ! combien de milliers d'enfants ces zélés Evêques n'ont-ils pas conservés à la religion et aux mœurs par ces maisons dirigées par des religieuses venues d'Europe et par des Frères pour les garçons !

Et moi, évêque français, placé dans une des plus grandes villes de la Péninsule, au milieu d'infortunés orphelins ou enfants de pauvres qui remplissent sept ou huit stations militaires ; moi, assiégé par les ministres protestants de toutes les sectes et de toutes les couleurs, qui, à l'aide d'un copieux budget que leur fournissent tous les ans, et les contributions volontaires de l'Angleterre, et les dons particuliers, et les souscriptions des officiers civils et militaires, ont ouvert partout de vastes établissements pour ces petits malheureux ; moi, qui tous les jours vois les troupes de garçons et de filles ; ici les anglicans, là les méthodistes-weslayens ; plus loin sont les presbytériens, et moi qui sais que parmi ces nombreux enfants, il y en a plusieurs nés de parents catholiques, qui, dans un temps de stérilité ou dans un moment de gêne, empruntèrent quelque argent aux ministres, ou en reçurent seulement quelques secours en engageant leurs enfants pour six ans ; car j'en ai retiré et fait évader plusieurs, et mes confrères aussi.... Qu'ai-je fait pour cette sainte cause de l'enfance ? Ah ! Messieurs, n'ajoutez pas aux angoisses de mon ame, le poids d'un reproche d'inertie ou d'indifférence envers cette portion si nombreuse du troupeau confié à mes soins. — Mais que faire dans une mission nouvelle, sans fonds ni secours du gouvernement ? Dès la première année de mon épiscopat, je construisis un petit couvent où douze à quatorze enfants pouvaient être reçus : j'appelai deux religieuses de Pondichéry ; mais le manque de secours me força de renvoyer cette œuvre à des temps plus heureux. Il y a deux ans, un de mes Missionnaires recueillit des enfants indigènes et métis ; plus de cinquante à soixante ont été reçus ; déjà plusieurs indigènes ont été adoptés par des familles chrétiennes ; d'autres sont placés chez des laboureurs ; d'autres apprennent quelques métiers ; de jeunes descendants d'européens sont enrôlés comme musiciens dans les troupes.... Nous en avons encore de trente à quarante : quelques enfants métis sont en pension chez une bonne veuve. Mais où les loger, et à la garde de qui les confier ? Nous avons, comme je l'ai dit, un petit couvent où nous pourrions élever les jeunes filles de couleur ; mais des religieuses européennes me sont absolument nécessaires, et je viens en demander. Nous achetâmes, il y a cinq ou six ans, quelques petites maisons près d'une autre église ; mais outre que ces maisons tombent en ruines, elles suffisent à peine pour les filles indigènes ; de plus, elles sont entourées de maisons de musulmans. Il n'y a pas d'eau potable dans l'intérieur d'une très petite cour tellement insuffisante pour leur récréation, que déjà la petite vérole nous a forcés à les disperser deux fois. Mais, Messieurs, Dieu semble bénir notre œuvre, car nous avons obtenu du gouvernement, l'année dernière, un beau terrain, bien aéré, vaste et avec de bonne eau. Je viens donc demander quelques secours pour construire des maisons très simples, mais absolument nécessaires Les pauvres garçons n'ont point d'habitation : le jour ils sont aux écoles, et se récréent dans la cour de l'église ; la nuit ils sont couchés dans la chambre du presbytère sur et sous les tables ou sur le pavé de la chambre ; et les indigènes et les descendants d'européens sont pêle-mêle, ce qui ne convient pas pour le pays. Il me faut aussi des Frères pour servir de pères, de tuteurs et de maîtres à ces pauvres enfants ; aidez-moi à remplir ce devoir d'un pasteur.... Aidez-moi à faire taire ce *murmure sourd qui commence à se répandre contre les évêques français dans l'Inde, parce que, dit-on, ils ne font rien pour les orphelins, rien pour les écoles.*

V. ÉCOLES. — L'article précédent vous a déjà fait entrevoir un autre pressant besoin de mon vicariat, ce sont les écoles. — Le Mayssour renferme quatre espèces de populations, ayant chacune leur langue. Les Mayssouriens proprement dits parlent le canara ; les nombreux chrétiens indigènes des armées et les serviteurs des Anglais parlent le tamoul ; les peuples du Nord-Est parlent le télégan ; enfin, les européens et leurs descendants parlent anglais. Je ne parle ni de l'indoustan ni du maratte, qui sont très en usage, mais non parmi les chrétiens.

Qu'ai-je besoin de prouver la nécessité des écoles, devant ce pays de France, illustre par tant d'académies et de colléges, enrichi de tant d'écoles pour tous les degrés d'instruction, que propagent dans toutes les classes et pour tous les sexes, et les corps religieux et les Frères de diverses congrégations, et tant d'honorables laïques des deux sexes?.. Ah ! chers enfants de la France, bénissez Dieu de sa bonté spéciale pour vous ; mais compatissez à l'ignorance de mes petits indiens et d'enfants nés comme vous de parents européens. Croiriez-vous, Messieurs, que sur neuf à dix mille chrétiens de nation Canara ou Tenougou, à mon arrivée dans le Mayssour, il n'y avait pas trois cents hommes capables de lire et d'écrire passablement? Je ne parle pas des personnes du sexe : pas une ne savait lire ; maintenant il peut y avoir douze ou treize filles qui ont appris. J'avais parcouru des missions du Nord et du Sud, j'avais vu que partout on avait des écoles où toutes les castes apprenaient à lire, écrire, calculer et quelques autres petites choses. Eh bien ! quand nous avons mis à l'école un Parea Canara, on tremblait qu'il ne mourût dans l'année, tant c'était une innovation. Nous n'avions personne dans les villages pour lire le catéchisme aux enfants, et les prières de la messe, les dimanches, pendant l'absence du prêtre... Ah ! Messieurs, hâtons-nous d'établir nous-mêmes des écoles catholiques, sous peine de voir l'hydre protestante engloutir notre jeunesse. Ils ont compris, eux, que la conversion de l'Inde, que la ruine de ces usages si étranges, et dont plusieurs sont diamétralement opposés à la morale et à la foi du christianisme, ne s'effectueront pas par la prédication faite aux adultes, mais plus sûrement et plus promptement par l'éducation de l'enfance. Outre les orphelinats dont je vous ai parlé, les Anglicans, les missions de Londres, les Weslayens, les Indépendants, les Ecossais, les Germains, les Américains, enfin le riche gouvernement de l'Inde, ont établi partout des écoles. D'abord, chaque régiment a ses écoles propres, visitées par le commandant, et surtout par l'adjudant du régiment. A Bengalour et à Mayssour, que dis-je, dans les villages un peu considérables, dans les cinq chefs-lieux de gouvernement du Royaume, ils ont construit et entretiennent des écoles. La beauté des bâtiments, les secours en livres, argent ou vêtements donnés en récompense, l'instruction assez soignée qu'on offre gratis à tous et dans toutes les langues, attirent une foule d'enfants païens et même chrétiens catholiques.

La langue anglaise est devenue nécessaire à tous ceux qui veulent obtenir quelque emploi ; les domestiques, les marchands indigènes eux-mêmes l'apprennent maintenant; de plus, toute fille qui veut se marier avec un militaire européen ne peut être admise, si elle ne présente un certificat d'instruction au moins primaire. Un élan est donc donné, un besoin d'instruction se fait sentir..... On veut lire... Nous, catholiques *dans le Mayssour*, qu'avons-nous fait ? Oh ! je le dis la douleur dans l'ame... presque rien.... Je n'ai encore que trois écoles anglaises assez mal tenues, parce que je n'ai pas les moyens de payer des maîtres anglais de naissance; j'ai une école canara, et six ou sept tamoules, dont une pour les filles.

Nous avons des catholiques irlandais, quelquefois même des officiers, des descendants de Portugais, même dans une position assez honorable... Mais, faute d'établissements dirigés par des maîtres et des maîtresses capables, ils sont forcés d'envoyer leurs enfants à cinquante et quatre-vingts lieues, ou de les envoyer aux écoles protestantes sans cesse visitées et prêchées par les Ministres protestants. Il n'y a que trois mois, un Irlandais, dans une position très aisée, nous demanda la permission de mettre sa fille à ces écoles, nous le lui refusâmes; il nous dit : Vous répondez devant Dieu, si ma fille perd sa condition plus tard, faute d'instruction que vous ne pouvez lui donner, et que vous l'empêchez d'aller prendre dans les seules écoles qui existent dans ce pays..... Messieurs, à de pareilles paroles la conscience d'un Evêque tremble.... Un fait désolant prouvera mieux que tous les arguments la nécessité de bonnes écoles dans nos missions. Il y a de vingt-cinq à trente ans, toutes les anciennes familles descendant d'européens, étaient catholiques; hélas ! maintenant *presque toutes* sont devenues protestantes ; sans doute on a voulu suivre le char de la fortune qui va aux temples protestants ; le désir de se distinguer des pauvres *noirs* qui remplissent nos chétives chapelles, la vanité de fréquenter les mêmes temples que les maîtres de l'Inde, l'amour de l'indépendance en matière de dogme et de morale, furent des causes de cette apostasie pour plusieurs; mais je sais, moi, que ce fut dans les écoles protestantes que les enfants catholiques méconnurent la foi de leurs pères.

Eh ! que pouvions-nous faire ? Quand la mission du Mayssour nous fut donnée, *après la chute de Tipou-Saëb*, M. Dubois ne trouva que des ruines que la persécution de Tipou avait amassées et dans le Mayssour et dans le Coembatour. Les premiers soins de ce zélé Missionnaire fut de rassembler les chrétiens dispersés, de relever à la hâte les murs des églises renversées, enfin de pourvoir aux plus pressants besoins. Alors, ô sublime Association de la Propagation de la Foi, tu n'existais pas ! ô aimable Mère des Missions, tu ne pouvais ni nous secourir, ni essuyer nos larmes, et vous, Messieurs, vous n'étiez pas ici pour nous tendre une main bienfaisante. Alors même la France ne pouvait envoyer des Missionnaires pour remplacer ceux que l'âge et les fatigues décimaient chaque année. Jusqu'à l'érection de mon vicariat, il n'y eut que quelques prêtres, souvent malades et en voyages continuels, sans secours, isolés ; nous ne pûmes établir des écoles en nombre suffisant ; mais consolez-vous, j'ai le bonheur de vous dire que déjà tous les Evêques dans les différents vicariats de l'Inde et de l'Indo-Chine m'ont devancé ; ils ont des écoles, des pensionnats, des orphelinats ; des hospices même pour les pauvres se voient dans quelques endroits ; ils ont des religieuses pour élever les jeunes catholiques de famille ; ainsi Pondichéry, Madras, Nagapatam, Bombay, Calcutta, Agra, etc. etc., Malaca, Syngapour, Moulmein dans la Birmanie, ont de beaux établissements, et moi, votre compatriote, je n'ai presque encore rien.... Puis-je être tranquille ? Le fardeau de l'épiscopat peut-il continuer longtemps encore à m'être supportable ? Pardonnez... mais le cœur d'un Evêque peut-il ne pas se désoler en se voyant, sans sa faute, privé des moyens de remplir ses obligations ? et j'ajoute, un Evêque français peut-il voir sans émotion les missions catholiques ou protestantes *étrangères*, le surpasser sous ce rapport ?

VI. CATÉCHISTES. — Dans un article précédent, en parlant de la nécessité du clergé indigène, j'ai insinué la difficulté soit d'apprendre, soit de prononcer directement ces langues, surtout si elles sont multipliées comme dans mon vicariat ; mais ce qui est plus difficile encore, c'est de saisir la tournure de phrase, et de connaître l'esprit et le cœur, la manière toute originale de raisonner dans une tête indienne ; de ces raisons et de bien d'autres, nous concluons la nécessité de former de bons catéchistes : des catéchistes pour les chrétiens, et d'autres spécialement destinés à la recherche et à l'instruction des païens. Lisez les anciennes lettres édifiantes, ou la dernière édition des lettres sur le Maduré par le **R. P. Bertrand. Partout vous verrez les noms illustres de** catéchistes zélés qui, au terme de leur carrière, avaient le bonheur d'offrir à Dieu des milliers de païens convertis ou instruits par eux, et baptisés par le Missionnaire. Hélas! depuis la révolution de 93, nous n'avons plus dans l'Inde ces catéchistes instruits et dévoués à la propagation de la foi... Je dis dans l'Inde, car en Chine, au Tonquin et en Cochinchine, je sais qu'il y en a de nombreux et de bien instruits. Qui ignore le bien immense qu'ils font, les services qu'ils rendent aux Missionnaires, souvent traqués et poursuivis par les persécuteurs? Dans le Mayssour, je ne trouvai que deux ou trois catéchistes qui savaient à peine lire correctement; dans les petites chrétientés, ce sont encore de bons pères de famille laboureurs, qui récitent de mémoire les prières du soir et du matin. Les dimanches et les fêtes, ils récitent le rosaire et le petit catéchisme; n'ayant pas de moyen d'en payer partout, nous sommes obligés de nous servir de ces bonnes gens. Les protestants ont formé des séminaires où de nombreux catéchistes apprennent les langues d'une manière élégante, ainsi que la religion, mais surtout l'art de déblatérer contre les catholiques; ils accompagnent le Ministre (et Madame) dans leurs courses apostoliques; dans les villages, ces catéchistes parlent aux gentils que la curiosité rassemble, et le Ministre distribue des bibles... Ces catéchistes vont en mission eux-mêmes : on les trouve partout, dans les campagnes, dans les bois; ils allèchent par-ci par-là quelques personnes avides d'argent ou d'emplois, mais surtout ils attaquent à outrance notre sainte religion, et cherchent à mettre le trouble dans l'esprit de nos paisibles campagnards. N'est-il pas urgent que nous formions aussi des catéchistes instruits et payés par la mission assez pour servir entièrement le Missionnaire avec fidélité, et les chrétiens ou les gentils d'une manière désintéressée? Les protestants ont des catéchistes payés trente, quarante et cinquante francs; pour nous, nous en trouverons de bons pour dix à quinze francs[1]. Sans ces catéchistes, que peut faire un Missionnaire, même d'une bonne santé? C'est le catéchiste qui appelle les enfants au catéchisme, qui leur en apprend la lettre, c'est lui qui examine l'instruction de ceux qui viennent à confesse, qui leur lit la préparation à la confession et à la communion, qui va d'abord visiter les malades, qui y conduit le prêtre, qui baptise les enfants; qui prépare les mourants à la mort, et préside aux inhumations dans l'absence du Missionnaire; c'est lui qui pacifie les petites querelles indiennes, ou qui, avec d'autres arbitres, examine les procès pour en faire un rapport exact au prêtre; enfin, c'est à lui de découvrir les délinquants, de les admonester ou de les amener près du prêtre. Vous voyez que c'est un bras, un œil nécessaire au Missionnaire; néanmoins les trois, quatre et cinq francs par mois que nous donnons aux nôtres, ne peuvent suffire pour nous assurer leur zèle et leur probité.

VII. IMPRIMERIE. — Messieurs, si l'imprimerie, en Europe, est devenue un des instruments les plus actifs d'instruction ou de perversion des peuples, maintenant, dans les Indes, elle joue le même rôle. Le protestantisme, par mille presses, propage ses doctrines, et dans ses journaux, et par les bibles, et par des averses de petits traités tirés à vingt et trente mille exemplaires. Je ne parlerai pas des presses américaines de Jasna, qui impriment surtout en Tamoul, ni des presses de Madras, où les sociétés bibliques et auxiliaires impriment dans plusieurs langues; je ne parlerai que des imprimeries canaras : il y a à Bellary deux imprimeries, à Bangalore un vaste établissement dirigé par les Missionnaires weslayens; trente à quarante ouvriers y sont continuellement employés. Il y a encore d'autres imprimeries indépendantes, mais qui prêtent leurs presses aux protestants. Outre les livres dogmatiques, ils impriment pour toutes les écoles des

---

[1] Combien néanmoins de ces catéchistes sont venus me demander du service, en avouant que si chez les protestants leur ventre était plein, leur ame était vide ! J'en ai un qui a été quatorze ans avec eux.

livres de science, tels qu'Alphabets, Grammaires, Dictionnaires, Géographies, Astronomies, Arithmétiques, Histoires, etc. ; ils en vendent beaucoup. Mais les livres les plus indifférents, ce semble, à la controverse, toujours sont infectés du venin protestant. Ainsi, dans un traité de géographie, en parlant de la religion de la France, ils n'ont rien trouvé de plus saillant dans notre histoire que la Saint-Barthélemy et la révocation de l'édit de Nantes, et les dragonnades : jugez du portrait de Rome et du Pape pour l'Italie. — Les Indiens, fatigués de leurs manuscrits, dégoûtants d'ignorance et de fautes de copistes, se sont mis à lire ces livres. Combien de maîtres d'école païens sont venus m'en demander, au moins pour apprendre l'orthographe, disaient-ils! Les colporteurs, les marchands, pour charmer leurs loisirs, lisent ces livres. Ah ! si, au lieu de ces imprimés protestants, nous avions des traités catholiques à donner à nos pauvres chrétiens et aux païens, à qui nous sommes beaucoup moins suspects que les padris protestants, en qui ils ne reconnaissent que des hommes de famille, des seigneurs mangeant, buvant, roulant carrosse avec madame comme les gouverneurs; nous pourrions aussi faire connaître notre sainte religion, et contrebalancer au moins l'influence et la réputation d'hommes savants, qu'ils commencent à obtenir parmi les hautes classes des païens. Car eux seuls, dans le Mayssour, se font connaître et par leurs belles écoles, et par leurs livres si multipliés et si variés.

Grâce aux secours de l'Association de la Propagation de la foi, Pondichéry a des presses qui ont déjà produit d'excellents ouvrages, répandus par toute l'Inde, car les soldats Tamouls se trouvent presque partout; mais ces livres ne peuvent servir aux peuples Canaras. La Mission de Madras a des presses ; on y imprime des livres bien nécessaires et pour la piété et pour les écoles des catholiques; mais ces livres sont en anglais : je me trouve donc seul pour imprimer des livres chrétiens en langue canara. Dès la première année de mon épiscopat, je me procurai une vieille presse en bois; j'imprimai un livre de prières pour nos pauvres chrétiens , un catéchisme et les prières du soir et du matin , etc,, pour les enfants; il y a trois ans, j'imprimai une grammaire canara-latine, une traduction de l'*Epitome historiæ sacræ* pour les élèves du séminaire ; ce sont encore les seuls livres élémentaires qu'aient ces pauvres élèves, car notre pauvreté ne nous a pas encore permis d'imprimer des dictionnaires. Néanmoins, à l'aide de quelques moyens personnels, le prêtre , employé avec moi pour le séminaire, imprime maintenant un dictionnaire canara-latin. Depuis six ans, j'en prépare un latin-canara, mais si je ne reçois un secours spécial, la Mission est encore trop pauvre pour soutenir les frais d'une pareille entreprise. Je crois que deux mille francs me suffiraient ; enfin l'année dernière nous imprimâmes deux ouvrages : l'un est l'abrégé de l'histoire de l'ancien et du nouveau Testament , ouvrage de huit cents pages in-8º; l'autre est une réfutation assez complète de la religion brahminique , suivie d'un abrégé de la mythologie indienne, c'est le *veni mecum* des missionnaires , il a près de cinq cents pages petit caractère... Ah! que de livres sont nécessaires, et pour le séminaire, et pour nos écoles indigènes, et pour nos pauvres chrétiens, *à qui, notez bien, il faut les donner gratis*, et pour les gentils. Les caractères canaras ne peuvent se trouver que dans l'Inde ; il est vrai qu'à Londres on en fond, mais c'est à un prix fabuleux. Les caractères latins se trouvent en France, mais si on ne m'aide, je serai encore obligé d'acheter du vieux et du rebut.

Tel est l'aperçu des besoins de ma Mission : pardonnez la fatigue que vous en a causé le simple exposé... Ah! si je voulais vous parler de la pauvreté dans laquelle nous vivons, à quelles privations nous sommes obligés de nous réduire, je pourrais exciter votre commisération ; mais non, ni mes chers collaborateurs, ni moi, ne nous plaignons. En nous dévouant aux missions, nous savions que nos corps ne devraient plus rechercher leurs aises ; nous savions que Dieu seul serait notre consolateur dans nos infirmités et notre père sur ces plages étrangères ; je ne suis donc point venu demander pour moi, mais pour ma pauvre

Mission. Je me suis fait le mendiant des pauvres orphelins, des infirmes, des enfants du Mayssour. Ni ma nourriture, ni ma boisson, ne seront plus délicates; ni mon costume, ni mon habitation, ni mon train n'en seront plus brillants : mes chers catéchumènes profiteront seuls de vos bienfaits; mais ils ne seront pas seuls à vous en remercier; car si Jésus-Christ a bien voulu regarder comme donné à lui même, un verre d'eau froide donné à l'un de ses petits, à bien plus forte raison moi et mes Missionnaires, nous nous regarderons comme solidaires envers vous pour tout ce que vous aurez fait pour nos chers néophytes.

O France, ô ma chère patrie! ton nom est grand, ton nom est doux dans toutes les Missions... ta gloire s'étend pacifiquement au loin. Tes enfants les Missionnaires, sans être tes consuls ou tes agents politiques, te font connaître dans toutes les parties du monde... Les peuplades les plus reculées dans l'intérieur des continents et des îles, au sein des montagnes et des forêts les plus sombres; là, même au centre de la puissance guerrière et de la gloire gouvernementale de l'Angleterre, là on connaît la France par ses Missionnaires; on ne les redoute pas, parce qu'on sait qu'ils font le bien sans se le faire payer, et qu'ils meurent sans appeler la vengeance... Ne te plains pas de ton rôle, ô ma patrie, si ces peuples ne tremblent pas au bruit de tes canons, si tes coffres ne regorgent pas de l'or, ou plutôt des sueurs de ces pauvres Indiens; tu es connue pour ta religion; tu es aimée pour tes enfants les Missionnaires, que tu leur envoie pour les éclairer et les soulager dans leurs besoins. Mais, ô France, ta tâche n'est pas encore achevée... Les sueurs dont tes enfants arrosent ces contrées païennes, le sang même dont ils rougissent le sol annamite, ne produiront pas de fruits durables, si au sacrifice de tes fils chéris tu n'ajoutes encore des secours pécuniaires, pour les aider à commencer ou à achever ce qui a été fondé avec tant de peines et de privations, soit de la part des Missionnaires, soit des néophytes eux-mêmes. Ne crains pas de t'appauvrir en étendant ta pieuse générosité à ces pauvres peuples, car, outre que c'est un prêt à intérêt dont Dieu même est la caution, ces peuples sont aussi tes frères, car les quinze Missionnaires du Mayssour sont tous français.

Ah! c'est toi qui enfantas l'admirable Association de la Propagation de la foi; ce furent, dit-on, de pauvres ouvriers et ouvrières de Lyon qui conçurent l'idée de cette œuvre, qui embrasse maintenant l'univers catholique, et qui commence et soutient les Missions de toutes les contrés encore couvertes des ombres de l'idolâtrie; ne t'arrête pas, appelle, amène à cette œuvre tous ceux qui ne la connaissent pas encore. . Mais, dira-t-on peut-être, il y a des pauvres à secourir en France... Je le sais.

Moi aussi je suis pauvre, l'évêque des pauvres, vivant pauvrement; mais si les pauvres de France voyaient ceux de nos missions, leur cœur s'attendrirait, car le pauvre, par ses propres souffrances, a appris à compatir aux besoins de ceux qu'il voit plus malheureux que lui. Oh! non, je ne vous demande pas le pain des pauvres, les miettes suffiront; je ne vous demande point des hospices comme ceux que vous leur avez construits, les greniers suffiront à mes malades. Vous avez des orphelins, ah! je vois les vastes, les beaux établissements où ces petites victimes sont conservées à la vie, je les bénis.... Mais donnez-moi de quoi construire une grange, un hangar pour les miens; et ils tressailleront de joie à l'abri du soleil de l'Inde et des brouillards fiévreux du Mayssour. Vous avez des écoles gratuites à entretenir... Ah! puissé-je avoir le dernier de ces bons Frères pour instruire mes pauvres enfants!... Donnez-moi de quoi loger et nourrir quelques-unes de ces saintes filles, si nombreuses, si dévouées pour vos malades et vos petits enfants; elles aussi consentiront à quitter leur belle Patrie, à vivre dans la pauvreté, et à mourir sur une terre étrangère; car la France a aussi des filles à cœur d'apôtre. Les autres missions en font la douce expérience: la mienne serait-elle seule regrettée? Vous avez des églises pauvres à orner.... Ah! venez voir nos murs de boue crévassés par la chaleur, souvent le repaire des serpents, et nos toits de paille desquels tombent quelquefois des scorpions ; venez voir nos autels en terre ou en briques ornés de quelques chandeliers de bois et d'un Christ ; venez voir nos pauvres Indiens à la messe assis sur leurs talons, à demi-nus, ruisselant de sueur entre ces murs souvent sans fenêtres où ils sont entassés, si basses que, quoique la nature m'ait fait assez court, ma mître s'embarrassait dans les poutres.... Si je n'avais visité à Rome la première église chrétienne au sein des catacombes, si je n'avais baisé ces autels qui n'étaient que des tombeaux, je vous avoue que la vue des splendeurs, des richesses des temples et du culte à Rome et en France me dégoûterait des missions, mais la religion dans les missions en est encore aux catacombes ; espérons que des temps plus heureux viendront... Comparez donc vos besoins avec ceux des missions, et vos cœurs éprouveront le doux sentiment d'une vive reconnaissance envers le Dieu qui vous fit naître dans ces pays catholiques, au sein des grandeurs du culte chrétien ; et pour la lui témoigner cette reconnaissance, vous voudrez contribuer dans la mesure de vos moyens à l'œuvre sainte des missions.

✝ E H. CHARBONNEAU,

Évêque de Jassen, V. A. du Mayssour.

P. S. *Je vous prie, Messieurs, de bien remarquer que ce n'est qu'un secours extraordinaire, que je ne vous demande que pour cette année.*

Angers, de l'imprimerie de Lainé frères. — Août 1853.

www.ingramcontent.com/pod-product-compliance
Lightning Source LLC
Chambersburg PA
CBHW061754060726
47597CB00007B/2932